Heyne
Ex
Libris

Das kleine Ferdinand von Reznicek Buch

Herausgegeben von
Gerhard Flügge

Wilhelm Heyne Verlag
München

Umschlaggestaltung und Innenausstattung:
Christian Diener, München
Genehmigte, ungekürzte Taschenbuchausgabe

Printed in Germany 1977
Gesamtherstellung: Friedrich Pustet, Regensburg

Ein Mustermädchen

»Hier, Vater, det Jeld.
Bin ick dir zuliebe wieder mal zweeter Jüte jefahren.
Ick tu's ja jern,
wenn mir nur niemand Besseres jesehen hat.«

Mildernde Umstände

»Das letztemal
war ich tatsächlich so besoffen,
daß ich mit meiner eigenen Frau
heimgegangen bin.«

Bei der Kartenlegerin

»Was, bloß bis zu ein' bessern
Arbeiter tät' ich's bringen?
Sie sind ja verrückt!«
»Ja, meinen Sie vielleicht, für Ihre fünf Groschen
schlag' ich Ihnen einen Prinzen?«

Frau Leutnant

»Die grausamste Enttäuschung
meines Lebens erfuhr ich,
als ich meinen Mann
zum erstenmal ohne Uniform sah.«

Die Frau Oberst

»Also Kopp hoch un man nich so ängstlich,
mein Junge, ich spreche jetzt zu Ihnen
nich als Ihr Vorgesetzter,
sondern als Freundin.«

Der Arterienonkel

»Kinder, san mir lustig,
daß der Kalk in den Adern dampft!«

Leichtsinn

Unnötige Aufreizung

»Wie schade, daß wir in München
noch immer keinen Zoologischen Garten haben.«
»Aber meine Damen, das ist ja ein Glück.
Wozu sollen die Proletarier sehen,
wie hygienisch dort die Tiere wohnen
und wie rationell sie gefüttert werden.«

Der Centrumsabgeordnete

»Gießen sie nur'n paar
Flaschen Sekt ins Bad;
mein Dicker ist in der
Kommission und kriegt
Diäten.«

Das bessere Teil

»Was, ins Geschäft willste wieder, Else?
Du könntest wahrhaftigen Gottes
auch was Besseres tun als arbeiten!«

Leidmotiv

»Weeßte, ick hab' det Anständigsein nu bald satt. Ick möchte mir lieber bald anständig satt essen!«

O du fröhliche . . .

»Ah, was war das ein schöner Traum:
ein Christbaum,
und daran hingen alle
Liebhaber meiner Frau!«

Der schlafende Engel

»Wenn ma's so nett schlafen siecht,
glaubet ma's gar net,
daß s' so a Mistviech is –
unsa gnädiges Freil'n.«

Im Modebasar

»Oft ist ein Stoff
schwieriger zu wählen als der Herr,
der ihn bezahlt.«

Erklärung

»Mamma, in dem Märchen
war von einer häßlichen Prinzessin die Rede.
Gelt, das kann nur
ein Sozialdemokrat geschrieben haben?«

Die verlorene Tochter

»Wie du das fertigbringen konntest,
deine alten Eltern zu verlassen!
Seit du von uns fort bist,
kriegen wir keinen Zimmerherrn mehr.«

Diskretion Ehrensache

»Es braucht niemand zu wissen,
wohin Sie mich gestern gefahren haben.
Hier sind zehn Mark. Verstanden, Jean?«
»Jawohl, Frau Baronin,
aber vom gnädigen Herrn
krieg ich sonst immer zwanzig.«

Ein Familienrat

»Famose Idee habe ich, Senta.
Meine Frau sucht eine Erzieherin
für meine jüngste Tochter.
Bitt' schön, melde dich doch zu dem Posten.«
»Ja, den Vorschlag hat mir
dein Sohn auch schon gemacht.«

Sauberkeit und Sittlichkeit

»Daß gnädiges Fräulein
aber auch alle Tage die Wäsche wechseln –!«
»Man sieht, daß Sie bisher nur bei
Damen der Gesellschaft in Dienst waren.«

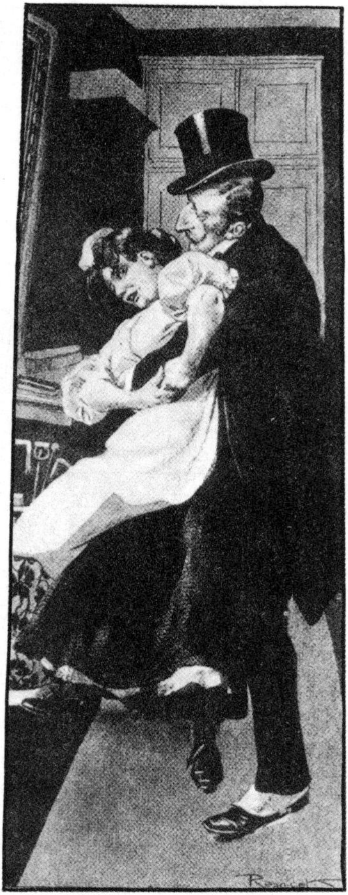

Der Bräutigam

»Um Gottes willen,
wenn Ihr Fräulein Braut kommt!«
»Das ist Wurscht,
der Alte hat meine Schulden schon bezahlt.«

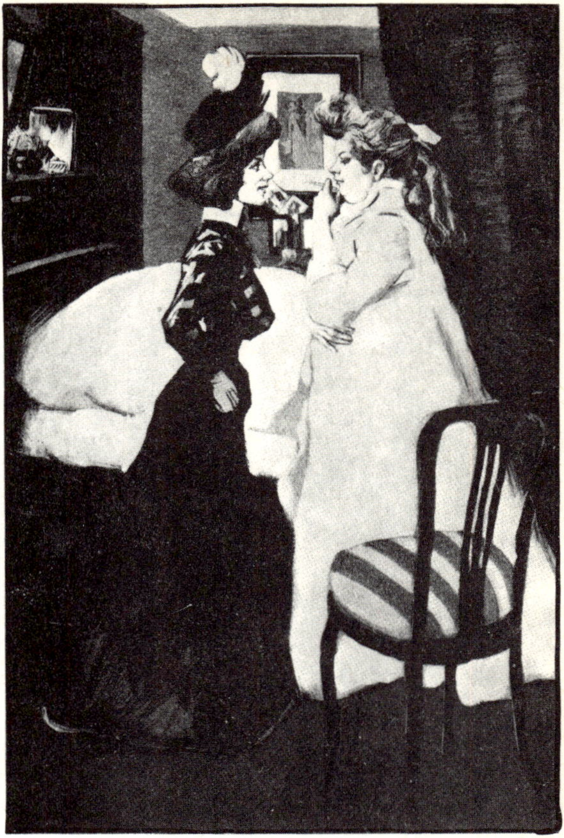

Spezialität

»Jetzt kannst du mir gratulieren, Lina,
mich hat ein Rechtsanwalt engagiert als Corpus delicti,
wenn sich einer scheiden lassen will.«

In Monte Carlo

»Was, Sie sind verheiratet?
Wo ist denn Ihr Herr Gemahl?«
»Da hängt er!«

Am Busen der Natur

Neulich ist mein Alter
Mit mir promeniert,
Und er hat mich schleunig
Auf das Land geführt,
Weil man dort, so sagt er,
Noch das Echte sieht,
Was uns stärkt fürs Leben
Und dabei erzieht.

Auf ein Schwalbennestchen
Hat er hingespitzt,
Wo die Schwalbenmutter
Auf den Eiern sitzt.
Siehst du, Wally, sagt er,
Dieses ist Natur;
Nimm an diesem Tierchen
Dir ein Beispiel nur.

Lerne hier begreifen
– 's wäre höchste Zeit –,
Daß den wahren Segen
Bringt die Häuslichkeit.
Nicht in Kleidern, sagt er,
Suche all dein Glück,
Kehre reuig wieder
Zur Natur zurück!

Als wir weitergingen,
Blieb ich plötzlich stehn,
Denn ein schönes Schauspiel
Hab' ich da gesehn.
Sieben Hennen standen
Um den Gockelhahn,
Eine jede hatte
Ihre Freud' daran.

Siehst du, Adolf, sagt' ich,
Dieses ist Natur,
Nimm an diesem Tierchen
Dir ein Beispiel nur!
Wenn das Echte wirklich
Uns erzieht und stärkt,
Warum, Adolf, fragt' ich,
Hab' ich nichts gemerkt?

Konversation

»Wie entzückend die Rose
an Ihrem Busen duftet!«
»Muß se ooch!«

Ekstase

»Ich möchte dir einen Maulkorb umbinden
und dich Caro nennen!«

Ein unbeschriebenes Blatt

»Die Politik gehört zu den wenigen Dingen,
für die ich auch nicht das geringste Verständnis verspüre.«
»Denn nimm dich nur in acht,
daß man nicht auf dich aufmerksam wird.
Auf einmal bist du Minister!«

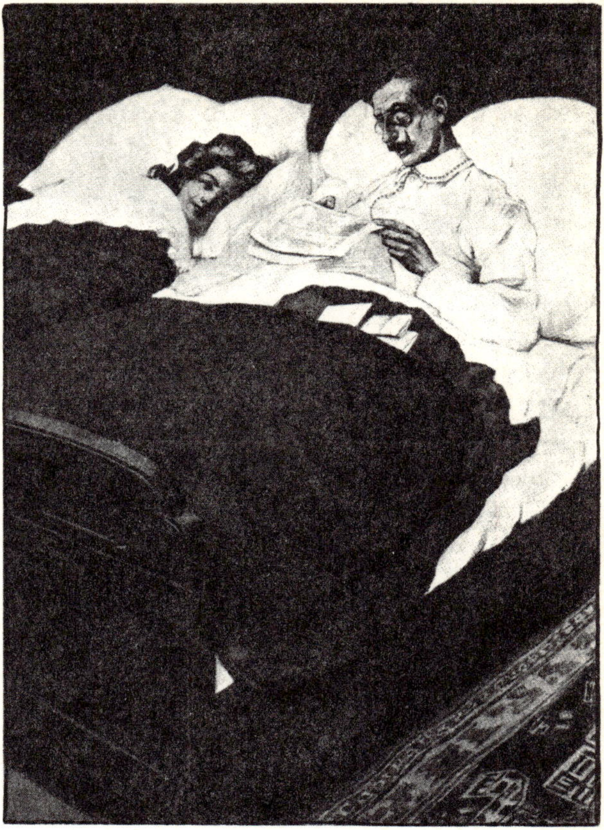

Die Frau Polizeirat

»Sag, Mucki,
hast du mir nichts Konfisziertes mitgebracht?«

Die Frau Kommerzienrat

»Was sich bloß die Hochstetter darauf einbildet,
daß der Minister neulich bei ihr soupiert hat.
Die soll erst mal sehen, wenn du stirbst,
was da für Leute zu deiner Leiche kommen!«

Zu Hause

»Jessas, da ist ja der Zwicker
vom Herrn Bezirksamtmann!«

Maibowle

»Schnell einen Kuß;
meinem Mann ist der Zwicker
in die Bowle gefallen!«

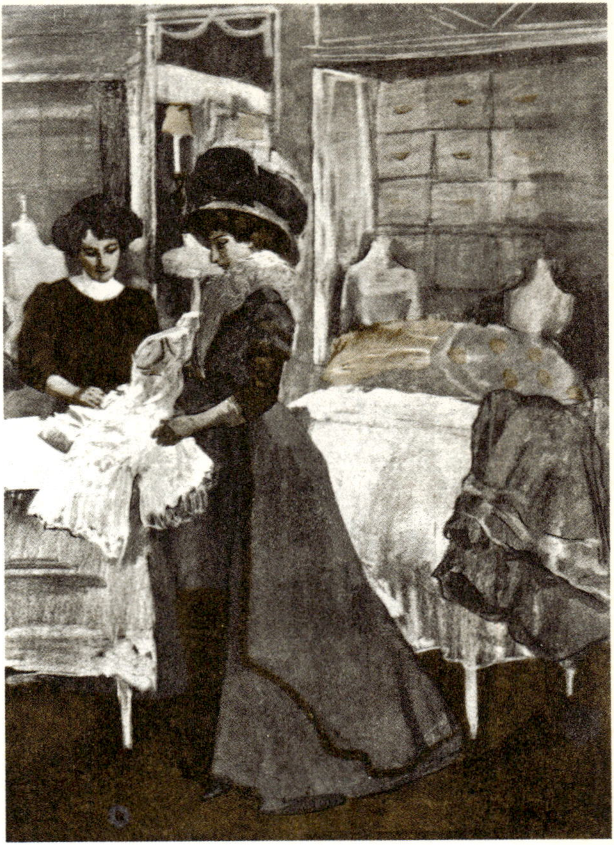

Prima

»Gnädige Frau,
das ist ein sehr feines Dessin;
da haben sich zwei von unsern Mädchen
blind dran gearbeitet.«

Nach dem Ball

»Das war wieder eine Hopserei
mit dir – schrecklich!«
»Ich kann nichts dafür, Kind,
die Musik bringt mich immer aus dem Takt.«

Intimes

»Ja, meine Gnädige,
Adoption ist schließlich
die einzig anständige Art,
sich fortzupflanzen.«

Ein Schwärmer

»An was denken Sie,
wenn Sie mich so in den Armen haben?«
»Ans Trinkgeld, Euer Gnaden!«

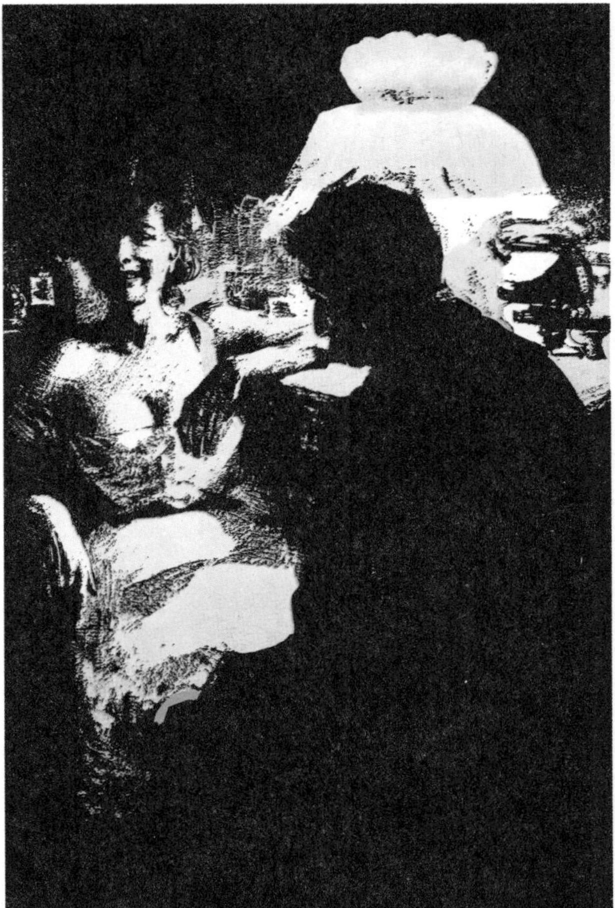

Der Parvenü

»Dein Mann hat doch keine Ahnung,
wie es mit uns steht?«
»Ja, gewiß, der weiß alles;
der glaubt, es gehört zum feinen Ton.«

Bal paré

»Na, bist du frei, kleine Krabbe?«
»Heuer nimmer,
aber fürs nächste Jahr
kannst du dich vormerken lassen.«

Schwere Zeiten

»Jetzt weeß man jar nich mehr,
woran man bei die Herren is.
Da weeßte nie,
is eener ’n Jeheimpolyp oder een Liebhaber.«

Ein Kenner

»Du glaubst wohl,
ich halte dich für was Besseres,
weil du dich sträubst.
Das ist Unsinn, Kind.
So was merkt man nicht an der Moral,
sondern an der Wäsche.«

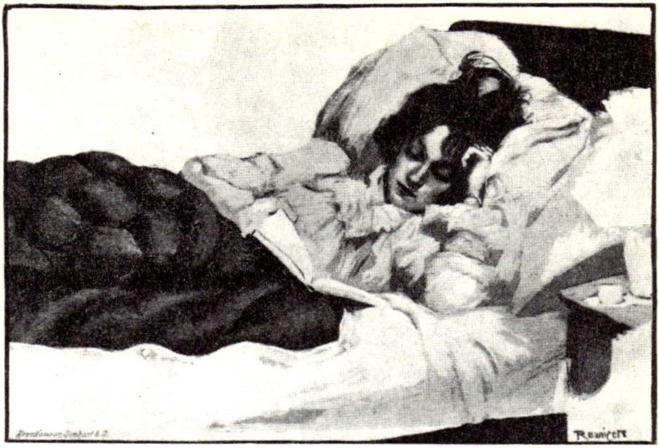

Casanova

»Was man an diesem Casanova bewundern muß,
ist nicht, daß er so viele Frauen verführt hat,
sondern daß er sie alle wieder losgeworden ist.«

Moderne Ehen

»Ich bin nicht schadenfroh,
aber das eine wünscht' ich dir:
ich wäre zwanzig Jahre jünger
und du würdest Mutter!«

Silvesterverlobung

»Nach dem zehnten Glase Punsch hat er sich erklärt, und nun wird er unser Kind glücklich machen.«

Streberei

»Heute sitzt der Intendant in der Parterreloge,
da kann man wieder die Beine
nicht hoch genug schmeißen!«

In der Pause

»Der Text der neuen Operette ist hübsch – aber die Musik kann mir gestohlen werden.«
»Ist sie auch.«

Liebesgeflüster

»Heiraten willst du mich, Dickerchen?
Ach geh, kauf mir lieber einen Abendmantel.«

Gute Aussicht

»Und was bringen Männer wie Sie, Herr Graf,
uns jungen Mädchen mit in die Ehe?«
»Unsere Seele, meine Gnädigste.«

Modern

»In welchem Verhältnis
stehen Fräulein Clara eigentlich zu dem Herrn,
mit dem ich Sie gestern sah?«
»Ach, wir beide sind weitläufig – verheiratet.«

Moderne Hochzeitsreisen

»Nein, Schatz,
ich kann dich nicht neben mir haben.
Du kommst immer mit deinen Füßen
zu mir herüber,
und dann verlier' ich die Bremse.«

Auf der Hochzeitsreise

»Mit der Zeit gewöhnt man sich daran,
jeden Tag dasselbe Weib um sich zu haben.«

Ein frommer Mann

»Was sagst du nur zu deiner Frau,
wenn du abends immer ausgehst?«
»Ja, mei Daibchen, das ist ganz verschieden.
Heite hab'ch gesagt,
ich däte in die Vorschdandssitzung
vom Gustav-Adolf-Verein gehn.«

Beim Arzt

»Ich glaube, der Mensch ist eingeschlafen!«

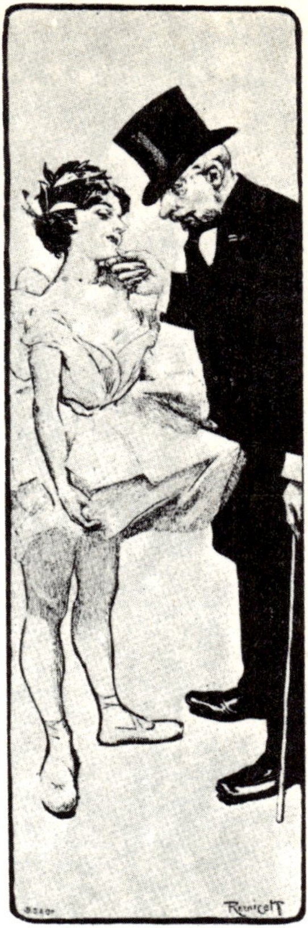

Taxe

»Also abgemacht, aber merken Sie sich, Exzellenz, Kinder über siebzig Jahre zahlen das Doppelte.«

Sittsam

»Soll ich nicht meinen Ehering
an die Schuhbänder hängen,
damit die Leute nichts Unrechtes denken?«

Das Täubchen

»Das möchte ich mir doch sehr ausbitten –
so einen ordinären Witz
kannst du deinen Damen der Gesellschaft erzählen,
mir nicht!
Außerdem kenne ich ihn schon.«

Eine empfindsame Frau

»Noch eins, mein Schatz;
meine Frau läßt dich bitten,
du möchtest dir doch
das schreckliche Parfüm abgewöhnen.
Dies Patschuli schlägt ihr direkt auf die Nerven.«

Frau von U. hat Verhältnis mit Herrn von B.

Herr von B. im Bett der Frau von U. Hat dort nichts zu suchen. Wird gefordert.

Duell. Herr von U. tot.

Herr von B. will Witwe nicht heiraten. Muß.

Flitterwochen.

Herr von B. kaputt. Frau von B. fängt Verhältnis an mit Herrn von E. Fortsetzung folgt.

Sühne

In Sicherheit

»Gratuliere, Schatz,
mein Mann ist heute der Liga
der Duellgegner beigetreten.«

Wiedergefunden

»Hast du dich mit deinem Mann versöhnt?«
»Ja, er hat endlich
in die Scheidung eingewilligt.«

Die Hauptsache

»Mit der verdammten Schnürerei
wirst du dir noch die ganze Leber verquetschen.«
»Gott, das sieht man doch nicht auf der Straße!«

Der Backfisch

»Es muß doch rasend nett sein, ein Genie zu sein.«

Backfische

»Sag mal,
was willst du eigentlich noch im Pensionat?
Du bist ja schon verdorben.«

Die Witwe

»Ich werde doch auch
schwarze Strumpfbänder anlegen.
Man kann nie wissen.«

Saharet

Erklärung

»Auf dem Rennzettel steht:
Fuchswallach. Was ist das, Wallach?«
»Das ist'n Hengst, Gnädige,
welcher aufgehört hat,
liebenswürdig zu sein.«

Witwensorgen

»Jetzt ist mein Mann schon drei Tage tot,
und ich weiß noch nicht,
wen ich heiraten soll.«

Der Frahßee

»Mein Herz, das ist ein Bienenhaus . . .«

Fandango

Cancan

Grenzen

»Nicht zu stürmisch!
Ihre Leidenschaft kann meinetwegen alles ruinieren,
bloß nicht meine Robe!«

Gesellschaftsfähig

»Gelt, Fritz,
wenn ich alle Fremdwörter kann,
bin ich gebildet.«

Die »Überreizung der Sittlichkeit« in Berlin

Diana

Kunstenthusiasten

»Sagen Sie,
haben Sie schon den neuen Murillo gesehen,
den die Stadt angekauft hat?«
»Nein, ich komme überhaupt nur selten
in den Zoologischen.«

Nicht couleurfähig

»Heinz, liebst du mich jetzt noch?«
»Gewiß, Kind. Aber ich darf dich nicht mehr grüßen, wenn ich dir in Couleur begegne.«

Der Staatsanwalt

»Wissen Sie was!
Sie sind eigentlich ein fideles Huhn,
Herr Staatsanwalt!«

Die Sittlichkeitskommission

»Ihre Produktionen scheinen vom Standpunkt
der Sittlichkeit sehr verwerflich.
Bitte, wollen Sie dieselben wiederholen.«

Die Mutter der Naiven

»Ach Gott, ich weiß schon, Herr Regisseur,
meine Tochter würde viel größere Rollen bekommen,
wenn sie nur mehr Busen hätte.«

Aus Dankbarkeit

»Fräuleinchen sind immer so anständig
mit's Trinkgeld zu mir jewesen.
Ick werd' Ihnen jetzt ooch die Löcher zeigen,
wo man ins Herrenbad rübersehen kann.«

In der Sommerfrische

»Mein Mann ist schon im Wasser.
Aus der Herrenabteilung
schwimmen Fettaugen herüber.«

Sommerfreuden

»Gnädige Frau gehen also jedes Jahr an die See,
während Ihr Herr Gemahl
in Karlsbad zur Kur weilt?«
»Ja, wir pflegen uns jeden Sommer
auf einige Monate voneinander zu erlösen.«

Der Retter

»Wenn mein Mann uns sieht,
weiß er wieder nicht,
ob er dir danken
oder sich mit dir schießen soll.«

Ballett

»Ob er mich heiraten wird? –
Sicher nicht vorm zweiten Schlaganfall!«

Der Intendant

»Ihre Stimme ist glänzend, Fräulein.
Aber bevor ich Sie engagiere,
müssen Sie mir beweisen, daß Sie bereit sind,
für die Kunst jedes Opfer zu bringen.«

Beim Intendanten

»Das ist ja ekelhaft! – Für die kleinste Rolle!«

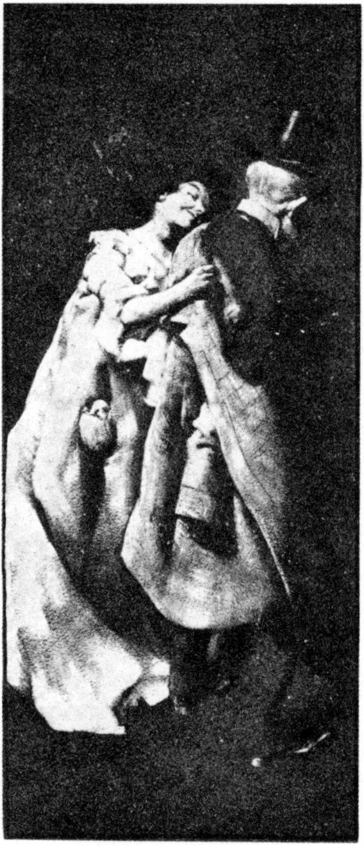

Am Ziel

»Nicht wahr,
jetzt bekomm' ich die Isolde zu singen,
Herr Intendant?«

Auf der Probe

»Mein Fräulein,
bitte diese etwas schlüpfrige Stelle ganz diskret,
ohne Betonung;
ein sittliches Publikum
findet die Unanständigkeiten gern selbst.«

Nach der Probe

»Wahrlich, Sie sind die großartigste Maria Stuart,
die Deutschland seit undenklichen Zeiten
hervorgebracht hat.
Wenn ich Sie, hochverehrte Frau, nur um etwas bitten darf:
Bohren Sie nicht in einem fort in der Nase!«

Theaterzensur

»Direktorchen, ich glaube,
nächstens geht es auch uns vom Ballett an den Kragen.«
»Seien Sie unbesorgt, Fifi, bei den Herren oben
wirkt nur die geistige Aufregung unangenehm.«

Aus Berlin

»Man sieht Sie ja gar nicht mehr im Theater, Gnädige?«
»Ich ziehe die Gerichtssäle vor,
das ist zur Zeit viel pikanter!«

Phryne

»Wie, Sie wagen es,
in diesem Kostüm hier zu erscheinen?«
»Ich dachte Sie dadurch milder zu stimmen,
Herr Präsident.«

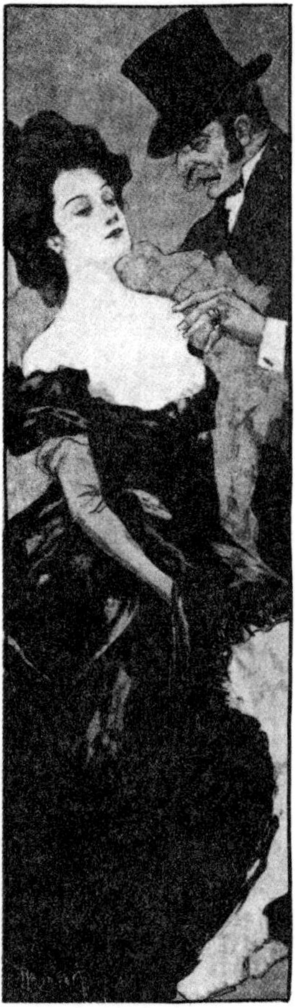

Nach dem Debüt

»Sie glauben also,
daß ich seiner Kgl. Hoheit gefallen habe!«
»Gewiß. Hochdieselben geruhten,
während der ganzen Sterbesszene
befriedigt zu lächeln.«

Nachwort

Zu Lebzeiten des Zeichners, Malers und Illustrators Ferdinand von Reznicek ist nur wenig über ihn und sein Schaffen geschrieben worden. Auch von ihm selbst ließen sich keine Aufzeichnungen finden, ganz im Gegensatz zu manchen anderen Künstlern, die Wichtiges über ihre Zeit, ihre eigene Entwicklung und über ihre Arbeit ausgesagt haben. Wilhelm Busch und Heinrich Zille beispielsweise haben es ihren Biographen in dieser Beziehung leichter gemacht als der Herr von Reznicek.

Von ihm gibt es jedoch für die kurze Zeit seines Lebens – Reznicek starb bereits mit 41 Jahren – eine große Zahl von Arbeiten, die von seinem enormen Fleiß ein beredtes Zeugnis ablegen. Von den mehr als tausend Werken des Künstlers sind die meisten in renommierten illustrierten Wochenzeitschriften, vor allem im »Simplicissimus«, publiziert worden. Die Leser suchten nach der Arbeit von ihm in jeder neuen Nummer und waren enttäuscht, wenn sie keinen »Reznicek« fanden. Er wurde nachgerade zum Idol des Simplicissimuspublikums. Man schrieb Ferdinand von Reznicek den großen Verkaufserfolg dieser Zeitschrift zu Beginn des 20. Jahrhunderts zu.

Bald nach seinem Tode im Jahre 1909 ist Reznickes Name aus dem Gesichtskreis derer, die ihn einst verehrten, entschwunden, und in den weiteren Jahrgängen der Zeitschrift findet sich nichts mehr von ihm. Deshalb ist es auch nicht weiter verwunderlich, wenn namentlich die Jüngeren in unseren Tagen kaum noch seinen Namen, geschweige denn sein Werk kennen. Die einschlägigen Lexika erwähnen Ferdinand von Reznicek nur kurz als „Zeichner für den ›Simplicissimus‹«. Hinter diesem lapidaren Satz verbirgt sich jedoch mehr, als man auf den ersten Blick vermutet. Der Name seines älteren Bruders, des 1945 verstorbenen Komponisten und Dirigenten Emil Nikolaus von Reznicek, dem wir neben Sinfonien, Kammermusiken und Liedern auch einige Opern verdanken (»Donna Diana«, 1898, »Ritter Blaubart«, 1920), hat sich länger im Gedächtnis der Menschen erhalten.

Am 1. April 1896 realisierte der Verleger Albert Langen seinen schon lange gehegten Plan, eine satirische illustrierte Wochenzeitschrift ins Leben zu rufen, um die Auswüchse im Wilhelminischen Reich zum Gegenstand der Kritik zu machen. Von der ersten Nummer an war Ferdinand von Reznicek einer der fleißigsten Mitarbeiter des »Simplicissimus«. So ist in dem Dezennium, in dem Reznicek mit dieser bedeutenden antiwilhelminischen Zeitschrift so gut wie »verheiratet« war, das Schaffen des Zeichners von dem Anliegen der Publikation, deren Bild er in des Wortes ureigenster Be-

deutung mitprägen half, nicht zu trennen. Unter dem von Thomas Theodor Heine geschaffenen Signet von der roten Bulldogge, die ihre Kette zerrissen hat, wurde in den Spalten des »Simplicissimus« bis zum Jahre 1914 gegen die politischen, kulturellen und sozialen Mißstände des Kaiserreichs zu Felde gezogen. Daß so manchem die Wahrheiten nicht gefielen, zeigt anschaulich Rezniceks Bildergeschichte »Die

Überreizung der Sittlichkeit in Berlin außerhalb der Bahnhöfe«. In sechs Karikaturen zeigt hier der Künstler den »Simplicissimus« im Urteil des Spießers.

Das Mitarbeiterverzeichnis führte neben bekannten Schriftstellern bedeutende Künstler auf, die das Gesicht der linksbürgerlichen Zeitschrift bestimmten. Neben dem bereits erwähnten Theodor Thomas Heine und Ferdinand von Reznicek standen, um nur ein paar Namen zu nennen, Bruno Paul, Rudolf Wilke, Eduard Thöny und seit 1902 Olaf Gulbransson.

Leo Tolstoi rühmte am »Simplicissimus« vor allem seine unbedingte Wahrheitsliebe und meinte, daß er für die Historiker des 22. oder 23. Jahrhunderts, die einst das 19. Jahrhundert beschrieben, die wichtigste und kostbarste Quelle sei, welche es ermögliche, nicht nur den Zustand der heutigen Gesellschaft kennenzulernen, sondern auch die Glaubwürdigkeit aller übrigen Quellen zu prüfen.

Max Liebermann hielt die Zeitschrift für das künstlerisch am höchsten stehende Witzblatt der Welt, und Björnstjerne Björnson, der bedeutende Vertreter einer realistischen norwegischen Literatur und Schwiegervater des Verlegers Albert Langen, nannte den »Simplicissimus« einen kleinen, tapferen Soldaten, der in der Zeit der Servilität und Heuchelei munter für eine freiere und glücklichere Menschheit kämpfte.

Ferdinand von Reznicek befand sich also in einer sehr ehrenwerten Gesellschaft. Auch seine Kunst griff die bestehenden Mißproportionen zwischen Armen und Reichen an, zwischen Beherrschten und Herrschenden, zwischen Werte Schaffenden und Werte Verprassenden. Reznicek zeigte, daß die »gute alte Zeit« letztlich doch keine gute gewesen ist, daß sie vielmehr brüchig war. In einigen Arbeiten hat er offen und schonungslos Kritik geübt an jener führenden Schicht, der er ja selbst auch entstammte. Er tat das mit den Mitteln der Zeichnung und des Textes dazu, wobei letzterer genauso wichtig ist wie die Zeichnung.

Ein überzeugendes Beispiel hierzu ist das farbige Blatt »Prima«. Der Betrachter des Bildes sieht das Innere eines eleganten Wäschegeschäftes. Von einer Verkäuferin wird einer »Dame der Gesellschaft« ein besonders kostbares Stück vorgelegt. Der prüfende Blick der Kundin und ihre Haltung zeigen sehr deutlich ihre Unentschlossenheit. Die Verkäuferin bangt offensichtlich um den Abschluß des Kaufs. Soweit die Aussage des Bildes. Das Mittel, das die Verkäuferin nunmehr anwendet und das erfahrungsgemäß noch immer zum Ziel geführt hat, ergibt sich lediglich aus der Bildunterschrift: »Gnädige Frau, das ist ein sehr feines Dessin, da haben sich zwei von unseren Mädchen blind daran gearbeitet.«

Hier wird also deutlich, daß die Arbeiten Ferdinand von Reznicecks – im Gegensatz zu den Darstellungen Heinrich Zilles – des Textes, der knapp pointierten Bildunterschriften bedürfen. Sie sind ein integrierender Bestandteil.

Kurt Tucholsky verfaßte als Siebzehnjähriger seinen literarischen Erstling, der im »Ulk«, Nummer 47, vom 22. November 1907 abgedruckt wurde. Er nannte seine Arbeit ein »Märchen«, das folgendermaßen lautet:

»Es war einmal ein Kaiser, der über ein unermeßlich großes, reiches und schönes Land herrschte. Und er besaß wie jeder andere Kaiser auch eine Schatzkammer, in der inmitten all der glänzenden Juwelen auch eine Flöte lag. Das aber war ein merkwürdiges Instrument. Wenn man nämlich durch eines der vier Löcher in die Flöte hineinsah – oh! Was gab es da alles zu sehen! Da war eine Landschaft drin, klein, aber voll Leben: eine Thomasche Landschaft mit Böcklinschen Wolken und Leistikowschen Seen. Reznicecksche Dämchen rümpften die Nasen über Zillesche Gestalten, und eine Bauerndirne Meuniers trug einen Arm voll Blumen Orliks – kurz, die ganze moderne Richtung war in der Flöte.

Und was machte der Kaiser damit?

Er pfiff drauf!«

Der junge Tucholsky schon hatte hier die Reznicekschen Damen beim Wickel und zieh sie ihrer Überheblichkeit gegenüber den Zilleschen Gestalten. Tucholsky sah, daß das »Zillemilljöh« die Folge von Mißständen war, die allein die herrschende Klasse zu verantworten hatte. Heinrich Zille hatte schon gleich nach der sogenannten Reichsgründung die Morbidität dieses aus Blut und Eisen errichteten Staates erkannt und sich in seinem gesamten Werk gegen die Herrschenden gewandt. »Ich bin seit meinem 14. Lebensjahr Sozialist«, bekannte er. Und als Sozialist war er bestrebt, an der Veränderung der bestehenden gesellschaftlichen Verhältnisse beteiligt zu sein. Sein Werk macht das deutlich. Zilles Kampf galt der Welt, in der Reznicek lebte, der sie ebenfalls zur Richtschnur seiner Kritik machte. Hier lassen sich, wie auch noch bei anderen Gelegenheiten, Berührungspunkte im Schaffen beider finden. Im Gegensatz zu Zille jedoch lebte der pikante und bisweilen auch geistvolle Karikaturist Ferdinand von Reznicek mit den Menschen, die er kritisierte. Er wußte aus eigener Anschauung um ihre Konflikte und Probleme. Er wußte auch, daß die wohlhabende Gesellschaft sie selbst heraufbeschwor, weil Übersättigung und Langeweile sie plagten, weil sie Sensationen und Affären um jeden Preis suchte. Genußsucht und Vergnügungen waren der Inhalt ihres nutzlosen Lebens. Damit ist ein sehr wesentlicher Fakt im Werk Reznićeks angesprochen. Denn aus dieser Erkenntnis heraus hätte er zum unerbittlichen Ankläger gegen ein solches Parasitentum werden können. Er wurde es nicht. Statt dessen beobachtete, notierte und registrierte er und machte sich, von einigen wenigen Ausnahmen abgesehen, über die bestehenden Verhältnisse in seiner Zeit nur lustig. So erscheinen uns heute Reznićeks Arbeiten in der Jugendstilmanier zeitlich eng gefaßt. Hier liegt des Künstlers Grenze. Er blieb letzten Endes seiner Welt verhaftet.

Wie Ferdinand von Reznićek suchte auch der französische Maler und Grafiker Henri de Toulouse-Lautrec (1864–1901), mit dem Reznićek in Paris zusammengetroffen war, seine Modelle in den Vergnügungs-Etablissements. Während der Simplicissimus-Zeichner mit den Figuren seines »Milieus« lediglich Ansätze zu einer Kulturkritik lieferte und nur selten zu einer überzeugenden gesellschaftskritischen und künstlerischen Verallgemeinerung vordrang, fand Toulouse-Lautrec eine kunstgerechte Sprache, die in ihrer zeichnerischen Ausdruckskraft nicht nur künstlerisch hervorragende Bedeutung hat, sondern auch tiefe gesellschaft-

liche Interpretationen gibt. Toulouse-Lautrec ist ein großer Meister der Kunst, während Reznicek, obgleich einer verwandten Thematik verpflichtet, im Vergleich zu dem Franzosen nur zu den Randfiguren der Kunstgeschichte gehört.

Ferdinand von Rezniceks Gesellschaftskritik bleibt eingeengt. Er wollte eigentlich so recht niemanden verletzen. Und er hatte auch nicht die Absicht, die bestehenden Verhältnisse zu verändern. Diese Haltung hat sicherlich dazu beigetragen, daß der Künstler in der Geschichte der Karikatur bis auf den heutigen Tag umstritten geblieben ist.

Richard Hamann und Jost Hermand legen ihn in ihrem Werk über den Impressionismus (Akademie-Verlag, Berlin, 1960) als erotischen Zeichner fest. Es heißt dort: »So beschränkt sich Reznicek fast ausschließlich auf pikante Schlüpfrigkeiten: ungleiche Pärchen auf der Hochzeitsreise, ältliche Herren auf der Suche nach anstelligen Ballettmädchen oder frivole Bettgespräche.«

Es ist wahr, Ferdinand von Reznicek hat in Bild und Wort das galante Abenteuer dargestellt, aber er hat es nicht nur der erotischen Pikanterie zuliebe getan, sondern ihm ging es auch darum, die verlogene Moral der Bourgeoisie deutlich zu machen. Er verhöhnte in seinen Karikaturen den Adel, den er samt und sonders für degeneriert, überheblich und zu keiner nützlichen Arbeit fähig hielt. Der Künstler nahm die korrupte Gerichtsbarkeit und die dümmlichen Vertreter des Polizeiwesens aufs Korn. Er kreidete den Korpsstudenten ihren Dünkel, ihre ausgedehnten Kneipereien und Kommerse an und machte das üble Karriereschinden und die schlagenden Verbindungen lächerlich. Auch im preußischen Militärgeist sah Reznicek eine Wurzel des Übels. Es bereitet ihm ganz offenbar Vergnügen, die Verherrlichung und Vergötterung alles dessen, was Uniform trug, dem Gespött der Menge preiszugeben. Und er dehnte diesen Spott noch auf die nicht minder dumme und blasierte Umgebung der verhaßten Uniformträger aus. So läßt sich auf einem Blatt die »Frau Leutnant« auf ihrem Five o'clock tea zu den »Damen der Gesellschaft« folgendermaßen aus: »Die grausamste Enttäuschung meines Lebens erfuhr ich, als ich meinen Mann zum erstenmal ohne Uniform sah.« Als ein köstliches Kabinettstück zu diesem Thema ist auch Rezniceks Arbeit »Die Frau Oberst« anzusehen. Da hat doch der Herr Oberst seiner Gattin seinen Burschen geschickt, der ihr daheim zur Hand gehen soll. Diese jedoch wittert sofort eine günstige Gelegenheit zu einem Seitensprung. Mit zarter Gewalt hat sie den verdutzten Burschen ins Schlafzimmer gelockt.

»Also – Kopp hoch un man nich so ängstlich, mein Junge, ich spreche jetzt nich zu Ihnen als Vorgesetzter, sondern als Freundin!« Weitere Themen, die die Mitarbeiter des »Simplicissimus« in ihren Karikaturen und Wortbeiträgen behandelten, waren unter anderem auch das mangelnde Pflichtbewußtsein der Staatsdiener, Bestechlichkeit und Korruption, die Ausbeutermethoden der Großgrundbesitzer und weitere Auswüchse, die auf dem Boden der Wilhelminischen Ära in Blüte standen. Rezniceks unmittelbarer Anteil an diesen Themen war jedoch nicht allzu groß. Dennoch aber waren seine Karikaturen für die jeweilig beabsichtigte Aussage der einzelnen Nummern von großem Nutzen. Karl Arnold, der später zu den ersten Zeichnern der Zeitschrift gehörte, hat einmal erzählt, daß immer dann, wenn ein gepfefferter politischer Witz veröffentlicht werden sollte, eine nicht minder gewagte Zeichnung von Reznicek in der gleichen Nummer des »Simplicissimus« zu finden war. »Es war dann für die Herren Staatsanwälte eine heikle Sache, die Nummer zu beschlagnahmen – der Verdacht, sie hätten's zuletzt doch aus sittlicher Entrüstung getan, blieb an ihnen hängen.«

Der Künstler hat als Karikaturist vornehmlich für die einzelnen Ausgaben der Zeitschrift gearbeitet, etwa so, wie es der Journalist für den betreffenden Tag tut. Mehr hat Reznicek wohl auch nicht geben wollen. Daß dennoch so manches Blatt überdauert hat und zum gesellschaftlichen Zeitdokument geworden ist, gereicht ihm heute zur Ehre und verdient unsere Anerkennung. In diesen Blättern sehen wir ein Spiegelbild der dekadenten feudalen und bürgerlichen Welt um die Jahrhundertwende.

Wie bereits dargelegt, kam Reznicek im Urteil seiner Zeitgenossen im allgemeinen nicht besonders gut weg. Sieht man von mancherlei schmückendem Beiwerk in den verschiedenen Rezensionen ab, so glichen sie sich beinahe. Zitieren wir hierzu noch den Schriftsteller Georg Hermann. Er äußerte sich über den Zeichner und Karikaturisten Reznicek in dem Band aus der Sammlung der illustrierten Monographien »Die deutsche Karikatur im 19. Jahrhundert« (Verlag von Velhagen und Klasing, 1901) wie folgt: »Reznicek zeigt den Einfluß, den die Wiener Mode auf Süddeutschland ausübt, und besitzt etwas Leichtgeschürztes, eine gewisse bestechende Grazie, die uns an das ›Brettl‹ gemahnt, chic, liebenswürdig und oberflächlich.«

Der bedeutende Berliner Schriftsteller fällte damit ein Werturteil. Wer heute Reznicek-Zeichnungen betrachtet,

kann durchaus zu ähnlichen Schlußfolgerungen gelangen. Es ist daher die Frage zu klären, ob diese ihm angelastete Oberflächlichkeit in dem Künstler und Menschen Reznicek begründet liegt oder vielmehr in dem Milieu, aus dem er kommt, aus dem er letztlich doch nicht heraus kann und das er fast ausschließlich dargestellt hat.

Nun braucht man nicht unbedingt ein versierter Kunstexperte zu sein, um zu erkennen, daß Ferdinand von Reznicek in seinen Arbeiten über eine gewisse Leichtigkeit des Strichs verfügte, einen ausgeprägten Farbensinn hatte und in seinen Zeichnungen auch geschickt zu komponieren verstand. Dennoch gleichen diese durchaus lobenswerten und für einen Künstler unbedingt notwendigen und wichtigen Eigenschaften die mangelnde Tiefe mancher seiner Arbeiten nicht aus. Diese Oberflächlichkeit ist typisch und charakteristisch für jene Gesellschaftskreise, mit denen sich die meisten Darstellungen Reznniceks befassen. In ihnen agieren vor allem Frauen. Sie sind in der Regel die Aktiven, während die Männer zum Objekt werden. Bei der Begriffsbestimmung »Frau« sind jedoch Einschränkungen zu machen. Die arbeitsame Frau und Mutter, die einen Beruf ausübt oder als Hausfrau tagein, tagaus ihre Pflicht tut, ist für Reznniceks Betrachtungen uninteressant, da ihr naturgemäß das skandalöse und mondäne Fluidum fehlt. Ihre tägliche Pflichterfüllung liefert keinen Stoff für eine schwülprickelnde Atmosphäre, in der Reznniceks Motive angesiedelt sind. Eben deshalb findet ein Kavalier es am nächsten Tage auch völlig unbegreiflich, am Abend nach dem Ball mit seiner eigenen Frau heimgefahren zu sein. »Ich muß ja total besoffen gewesen sein!« Das ist des Lebemanns einzige Erklärung hierzu.

Auf einem anderen Blatt mit dem Titel »Berlin W« erhält die Ehefrau während der Fahrt zu einer Gesellschaft folgende Verhaltensmaßregel: »Um Gottes willen, Lilli, nur keine Zärtlichkeiten! Wenn es herauskommt, daß ich normal bin, bin ich hier unten durch.« Den Künstler Reznicek interessierten die anderen Frauen, die sogenannten »Unverstandenen« in allen Schattierungen. Ihnen bleibt sein Zeichenstift auf der Spur vom Morgen bis zum Abend und hauptsächlich in der Nacht. So wird er zum indiskreten Kenner der intimen Boudoirs und Chambres séparées zum Ende des 19. und Beginn des 20. Jahrhunderts. Er nimmt in seinen Karikaturen die Lebewelt unter die Lupe. Er zeigt die eleganten Frauen und Männer, die glatzköpfigen Lebegreise und die betrogenen Ehemänner, die Kokotten und die überreifen und verdorbenen Backfische, und er stellt pfiffige Zofen und Diener dar. In seinen karnevalistischen Blättern spiegelt sich das Leben und Treiben einer liebestollen und leichtlebigen Gesellschaft wider. Reznicek hat mit Fleiß auch die Mode studiert. Dieses modische Beiwerk bereichert seine Bilder, und mit Recht hat man ihm nachgerühmt, daß in ihm lebendig war, was man als die unnachahmliche französische Grazie bezeichnet.

Viele von Reznniceks Themen kommen aus der Erotik. Jemand hat einmal gesagt, daß die Summe seiner Frauengestalten ein Riesenpolyp sei, der mit den Männern erst Fangball spielt, ehe er sie gänzlich verschlingt. Ein anderer hat ihn zum »Zeichner der oberen Zehntausend« gestempelt. Er sei also der Chronist ihrer Welt. Deshalb hat man ihn in der Beurteilung seiner Künstlerpersönlichkeit oftmals mit den von ihm gezeichneten Typen identifiziert. Zu Unrecht, wie wir gesehen haben. Wäre dem so, dann lohnte es sich nicht, daß wir uns heute noch mit ihm und seinen Arbeiten befassen, dann wäre Ferdinand von Reznicek ganz sicher auch schon »im großen Müllkasten der Zeit« (Heinrich Zille) verschwunden. Wir finden seinen Namen in den Sittengeschichten verzeichnet. Auch Eduard Fuchs erwähnt Reznicek im dritten Band seiner »Illustrierten Sittengeschichte vom Mittelalter bis zur Gegenwart« (1912) und zählt den Zeichner zu den hervorragenden Künstlern, die sich mit dem Thema Liebe, Ehe, eheliche Untreue beschäftigt haben. Fuchs stellt fest, daß zu dem Allerbesten, was auf dem Gebiet der künstlerischen Gesellschaftskritik geleistet wurde, Schöpfungen von Daumier, Gavarni, Toulouse-Lautrec, Thomas Theodor Heine, Gulbransson und Reznicek gehören.

Alle Episoden, die der Künstler schildert, beweisen, daß er ein ausgezeichneter Menschenkenner ist, daß er scharf zu beobachten und aus diesen Beobachtungen seine Schlüsse zu ziehen verstand. Neben der Verworfenheit und der Amoralität in seiner Welt mag es für die Verwendung des besonders häufig strapazierten Ehebruchs noch ein anderes Motiv gegeben haben. Man hatte nämlich zu damaliger Zeit als Scheidungsgrund den beliebten, weil sehr dehnbaren Begriff von der »gegenseitigen Abneigung« nicht mehr gelten lassen. Nun suchten die Ehepartner, die voneinander loskommen wollten, nach einem Ausweg aus diesem Dilemma. Und der war dann der Ehebruch, der immer zum gewünschten Ziel führte. Hier ergab sich bisweilen die Kuriosität, daß sich, in Ermangelung eines echten Corpus delicti, ein solches finden lassen mußte. So stellt Ferdinand von Reznicek zu diesem Thema auf einem seiner Blätter zwei junge Mädchen dar. Eines davon sagt: »Jetzt kannst du mir gratulieren, Lina, mich hat ein Rechtsanwalt als Corpus delicti engagiert, wenn sich einer scheiden lassen will.«

Speziell zu diesem Themenkreis ließen sich noch viele Beispiele anführen. Sie alle haben sicher damals Furore gemacht und die Gemüter der Spießbürger erhitzt. Gemessen jedoch an den heutigen Auswüchsen auf erotischem Gebiet in Wort, Schrift, Bild und Film in den kapitalistisch beherrschten Ländern, erscheinen uns Rezniceks Darstellun-

gen maßvoll und sauber. Da sitzt das »gnädige Fräulein« vor ihrem Toilettentisch, während die Zofe mit der Garderobe der »Gnädigen« hantiert und so ganz beiläufig fragt: »Fräulein, was ist denn eigentlich Ihr Verehrer?« Die Zofe erhält zur Antwort: »Ich weiß nicht. Er sagt, er ist Erotiker.«

Weitere Motive des Karikaturisten Reznicek befassen sich mit anderen negativen Eigenschaften des Menschen aus seinem Herkunftsmilieu: Herzlosigkeit – Scheinheiligkeit – Rücksichtslosigkeit – Erbschleicherei – Kuppelei – Prostitution; kurz, eine ganze Skala von Unmoral und Dummheit aus dem Leben der »oberen Zehntausend« wird in seinem Werk transparent.

Neben diesen Blättern mit dem oft recht makabren Inhalt gibt es aber auch Arbeiten des Künstlers, von denen eine wirkliche und echte Lebensfreude ausgeht. Es sind das in erster Linie seine Redouten- und Tanzbilder. Sie finden sich

häufig in seinem Schaffen. In einigen Sondernummern des »Simplicissimus«, in dem Spezialalbum »Der Tanz« und in einer prächtigen Sammelmappe mit dem Titel »Sechs Tanzbilder« (Valse bleue – Im Dreivierteltakt – Cake walk – Drahrer – A fescher Domino – Seeligkeit) sind besonders eindrucksvolle und farbenprächtige Zeichnungen veröffentlicht. Unser Buch zeigt auf Seite 71 die Darstellung des »Cancan«. Dieser Tanz war aus Frankreich gekommen, und um die Jahrhundertwende bezeichnete man ihn als einen Tanz mit allerlei mutwilligen, ins Unanständige und Unzüchtige ausartenden Gebärden und Stellungen. Eduard Fuchs hat dem dritten Band seiner bereits erwähnten Sittengeschichte das farbige Blatt »Cancan« beigegeben. Offenbar hielt auch er diesen Tanz für besonders unschicklich und aufreizend. Und so meinte er auch dazu, daß keine einzige neuere Tanzfigur die erotische Wut der Männer so aufgepeitscht habe wie eben die neue raffinierte Form des Cancan.

Als farbiger Wandschmuck haben Rezniceks Zeichnungen noch lange Zeit nach seinem Tode Anklang gefunden. Seine besten Blätter wurden zu Alben zusammengefaßt, und Tausende seiner Farbpostkarten fungierten als »Postillon d'amour«, wo immer es galt, zarte Liebesbande zu knüpfen.

Wer nun war dieser Ferdinand von Reznicek?

Unsere Kenntnis über sein Leben ist lückenhaft.

Wir wissen, daß er am 16. Juni 1868 in Obersievring bei Wien als Sohn eines k. u. k. Feldmarschall-Leutnants geboren wurde. Über seine Mutter schon bestehen Unklarheiten. Während man im allgemeinen der Ansicht ist, daß Ferdinands Mutter die Fürstin Klarissa Ghika gwesen sei, so weist jedoch das »Gothaische Genealogische Taschenbuch der Freiherrlichen Häuser« (1909) aus, daß der Vater Joseph insgesamt viermal verheiratet gewesen ist. In dritter Ehe mit der genannten Fürstin Klarissa. Dieser Verbindung entstammt der spätere Komponist Emil Nikolaus (geboren 1860). Klarissa starb, so die Notiz in dem Taschenbuch, bereits im Jahre 1864. Ein Jahr später schloß der Freiherr dann seine vierte Ehe, diesmal mit der Bürgerlichen Hermine Conrad. Mithin also ist sie des 1868 Geborenen Mutter, und Emil Nikolaus ist Ferdinand von Rezniceks Halbbruder. Vater Joseph war ein musikalisch begabter Mann, von dem es sogar eine Reihe kompositorischer Arbeiten gab. Dennoch aber stand er der künstlerischen Entwicklung seines Sohnes Emil Nikolaus skeptisch, bisweilen sogar feindlich gegenüber. Es bestand in jenen Kreisen die vorgefaßte Meinung, daß man derartige Ambitionen bei anderen wohl unterstützen und fördern könne und auch solle, daß man aber die ausschließlich künstlerische Betätigung eines Familienmitglieds als nicht standesgemäß verurteilen müsse, da sie zur »Degenerierung« führe.

Deshalb hatte der junge Emil Nikolaus von Reznicek viel

Ärger mit der Familie. Ob die gleichen Vorurteile auch bei dem Sohn Ferdinand bestanden haben, kann nicht mit Sicherheit gesagt werden, ist aber wohl anzunehmen, da der Sohn seine berufliche Laufbahn als k. und k. Kavallerieoffizier beginnen mußte und erst später eine fundierte Ausbildung als Zeichner und Maler in München erhielt.

Zeitgenossen schildern Ferdinand als »jungen und hübschen Burschen«. Er arbeitete hauptsächlich als Zeichner, Karikaturist und Illustrator. Seine Tätigkeit erstreckte sich vor allem auf die Mitarbeit an illustrierten Wochenzeitschriften. Eine Reihe von Romanen und Erzählungen bekannter und zu damaliger Zeit viel gelesener Schriftsteller legen Zeugnis von seinem Talent als Illustrator ab. So enthält beispielsweise das Buch »Julchens Heirat« des französischen Dramtikers und Verfassers meist frivoler Frauenromane, Marcel Prévost, der einmal von sich behauptet hat, er habe versucht, »die Seele der Frauen unserer Zeit zu ergründen«, neben dem Umschlagtitel mehrere Illustrationen des Künstlers. Besonders beliebt war in jenen Tagen Ernst von Wolzogens Werk »Ein königliches Weib und andere Geschichten vom Münchner Fasching« (1901), das Ferdinand von Reznicek ebenfalls mit Zeichnungen ausstattete. Auch die Novellen Guy de Maupassants »Schwarz – Braun – Blond« aus der »Kleinen Bibliothek Langen« hatten ein Reznicek-Titelbild. Lange Zeit hindurch warb sein »Lesendes Mädchen im roten Empirekostüm« immer neue Leser für die »Kleine Bibliothek«, in der auch Zola, und Anatole France, Dostojewski, Gorki und Tolstoi mit preiswerten Bändchen vertreten waren.

Zu den verschiedensten Gelegenheiten arbeitete der Künstler als Gebrauchsgraphiker. Sektreklamen, Geschäftskarten, Buchumschläge Kalendertitel und ähnliches mehr kündeten von seinem unermüdlichen Arbeitseifer.

Als Maler hat sich Reznicek mit weit weniger Erfolg betätigt. Zeitgenossen haben ihm bisweilen sogar malerisches Unvermögen und eine gewisse Monotonie in der Farbgebung unterstellt. Sie haben behauptet, Ferdinand von Reznicek könne weder angezogene noch ausgezogene Frauen darstellen. Es ist bekannt, daß der Künstler in seinen frühen Studienjahren gute Aktzeichnungen zustande gebracht hat. Daß späterhin der unbekleidete weibliche Körper im Schaffen Rezniceks eine nur untergeordnete Rolle gespielt hat, ist kein Argument für die sicherlich sehr subjektive Beurteilung. Plausibler erscheint die Tatsache, daß ihm das »Beinahe« anziehender erschien als das Ausgezogene.

Ferdinand von Reznickes Atelierwohnung lag in der Münchner Theresienstraße.

Im Zenit seines Lebens wurde eine Magenoperation erforderlich. Aber Reznicek erlitt vorher einen Blutsturz. Er starb am 11. Mai 1909 in seiner Wohnung. Der Künstler wurde von seinen Freunden und Verehrern auf dem Nordfriedhof zur letzten Ruhe geleitet. Kurz zuvor noch hatte Reznicek an den Beisetzungen des Verlegers Albert Langen und des Humorzeichners Rudolf Wilke teilgenommen. Nun hatte die Zeitschrift einen neuen schweren Verlust zu beklagen. In dem Nachruf des »Simplicissimus« wurde in schlichter und unaufdringlicher Art des Menschen und Künstlers Ferdinand von Reznicek gedacht.

Ludwig Thoma, der der Redaktion der Zeitschrift angehörte, schreibt in seinen Erinnerungen zum Tode Reznickes:

». . . ganz unvermutet kam das Ableben Langens und Reznickes. Dieser war der typische Österreicher von guter Familie; taktvoll, liebenswürdig, heiter, in Manieren wie im Charakter vornehm. Ich habe ihn nie laut oder heftig gesehen, und ich glaube, er wäre gegen Brutalität völlig hilflos gewesen. Die Grazie, die seine Zeichnungen auch denen, die herbere Kunst schätzen, wertvoll machte, lag in seinem Wesen.

Von den Künstlern, die durch den ›Simplicissimus‹ und die ›Jugend‹ bekannt wurden, war er sogleich der populärste, und er ist es geblieben. Daß er, verhätschelt und umworben, von Eitelkeit völlig frei blieb und ganz und gar nicht zügellos lebte, bewies seinen wirklichen Wert, den nur die anzweifelten, die ihn persönlich nicht kannten. Die Art und das Gegenständliche seiner Kunst veranlaßten manchen Sittenrichter, der sehr unangefochten leben konnte, in dem guten Ferdinand von Reznicek einen Wüstling zu vermuten, und zuweilen wurde ihm dies auch gedruckt unterbreitet. Derlei Vorwürfe verletzten die Ehre der Männer nicht, vielen erscheinen sie so schmeichelhaft, daß sie sie mit diskretem Lächeln entgegennehmen. Reznizek aber blieb davon unberührt. Er war weder der ›verfluchte Kerl‹, noch wollte er es zu sein scheinen.

Ohne Launen, immer aus dem Herzen heraus liebenswürdig, hilfsbereit und empfänglich für jede heitere Stimmung, war er der beste Kamerad, in dessen Gegenwart Mißmut nie aufkommen konnte. Krankheit und Tod lassen den Charakter eines Menschen erst recht erkennen. Alle drei, Wilke, Langen und Reznicek, haben die härteste Prüfung würdig bestanden, und sie sind ohne zweckloses Klagen tapfer gestorben, und die letzten Dinge waren für die Art eines jeden bezeichnend.

Reznicek, der sich in der Klinik operieren lassen wollte,

schrieb mir zwei Tage vor seinem Tode, daß er der Sache mit der üblichen Fassung entgegensehe; als dann ein heftiger Blutsturz jede Hoffnung vereitelte, bat er den Arzt, daß er ihm nach dem Ableben das Herz mit einer Nadel durchstechen solle, und er bestellte Grüße an uns alle ...«

Gerhard Flügge

Biografische Daten

1868 Am 16. Juni wird Ferdinand von Reznicek in Obersievring bei Wien als Sohn des k. u. k. Feldmarschall-Leutnants Joseph Freiherr von Reznicek und dessen Frau Hermine geboren.

um 1888 Reznicek, zunächst Kavallerieoffizier, beschäftigt sich anfangs künstlerisch als Autodidakt. Später studiert er auf den Kunsthochschulen in Paris und München. An der Münchener Akademie ist sein Lehrer der Maler Paul Höcker (1854–1910). Die Daten seiner Studienjahre sind unbekannt.

1896 Am 1. April erscheint die 1. Nummer der illustrierten Wochenzeitschrift »Simplicissimus«, Herausgeber Albert Langen, München. Ferdinand von Reznicek wird sofort ihr ständiger Mitarbeiter und bleibt es bis zu seinem Tode. Er arbeitet auch an anderen Zeitschriften, so an der »Jugend« und an den »Fliegenden Blättern« mit.

Die besten Arbeiten des Künstlers erscheinen zusammengefaßt in Alben und Mappen:

1902 Album »Galante Welt«

1906 Album »Der Tanz«

1907 Album »Sie«

1908 Album »Unter vier Augen«

1909 Album »Verliebte Leute«

Reznicek illustriert Romane und Erzählungen und entwirft zahlreiche Titel- und Umschlagzeichnungen. Auch als Gebrauchsgraphiker tritt er hervor.

1909 Albert Langen und Rudolf Wilke sterben.

Am 11. Mai desselben Jahres stirbt Reznicek in München.

Verzeichnis der Bilder

mit Quellenangabe

Textillustrationen

Inhalt